AF267987

27

L n 15970.

COURS AU CONSEIL D'ÉTAT.

MÉMOIRE

POUR

M. L'ABBÉ PÉLIER-DELACROIX,

CHANOINE DE LA CATHÉDRALE DE SAINT-CLAUDE (JURA),

APPELANT,

CONTRE DES ABUS DE POUVOIR

DE MGR DE CHAMON,

ÉVÊQUE DE SAINT-CLAUDE;

ET

CONTRE UN DÉNI DE JUSTICE

DE MGR DE PINS,

ADMINISTRATEUR DU SIÉGE MÉTROPOLITAIN DE LYON.

Bonus judex nihil ex arbitrio facit;
sed secundum leges et jura pronuntiat.
(S. AMBR., *in Psalm.* 118.)

« Si quelques-uns des premiers ministres de la religion, se rendant eux-mêmes indépendants, réussissent à s'assurer, dans la personne de leurs inférieurs, *des ministres aveugles de tous leurs ordres arbitraires,* bientôt souverains dans leurs diocèses, et dominant sur les peuples, que ne pourront-ils pas entreprendre sous le voile de la religion?....... De là ces interdits sans causes, dont on punit tant de ministres, à qui leur zèle, leur expérience, leurs qualités personnelles avaient mérité depuis longtemps la confiance des peuples; de là des vexations de tout genre contre les ecclésiastiques, et des curés même chassés de leurs paroisses par des actes d'autorité, sans plaintes et sans procédures..... Que de ressorts n'emploient pas des supérieurs, pour obliger les ministres qui dépendent d'eux, à s'abandonner aveuglément à des principes de conduite si opposés à l'esprit de la religion! Souvent l'ignorance et la prévention, dans lesquelles sont élevés les ecclésiastiques, ne rendent que trop facile le succès de ces impressions. Mais la crainte, l'ambition ou l'intérêt achèvent de tout soumettre. S'il en est d'assez courageux pour résister à ces suggestions odieuses, et pour demeurer fidèles à leurs devoirs, la perte de leurs emplois et de leur subsistance en est bientôt la punition, et devient un exemple de terreur pour les autres. Ainsi s'établit, Sire! cette domination sous laquelle gémissent les citoyens, et qui, affermie *par la soumission aveugle, servile ou intéressée* des ministres inférieurs, est capable de produire les plus funestes révolutions. » (*Remontrances du parlement de Paris, en* 1753.)

Pour qu'on soit mieux au courant de sa cause, le soussigné demande comme une grâce qu'on veuille bien lire, avant celui-ci, son Mémoire d'appel au Métropolitain.

MÉMOIRE EXPLICATIF.

La conduite tenue par monseigneur de Chamon contre l'Exposant est tellement oppressive, qu'elle renferme tous les cas d'abus énumérés dans l'article 1er de la loi du 18 germinal an 10.

Le soussigné aurait pu, de prime abord, la déférer au Conseil d'Etat. Mais il a voulu préalablement suivre les voies canoniques, et porter sa cause devant monseigneur d'Amasie, administrateur du siége métropolitain de Lyon, dont monseigneur de Chamon est suffragant.

[1] L'auteur de ce Mémoire, ayant épuisé les voies canoniques auprès de son évêque et de son métropolitain, se trouve forcé de recourir à l'autorité royale, protectrice des canons. Ses moyens de défense auprès d'elle ne seront plus ici tirés simplement des institutions ecclésiastiques ; les lois civiles viendront, puisqu'il le faut, à son appui. Et, sous ce rapport, il fera, encore cette fois, ressortir l'illégalité et l'injustice de quelques-uns des procédés dont il est victime. — Que les personnes disposées à l'en blâmer se rappellent le précepte de l'Eglise : *Quand suspens ou excommunié tu seras.....* En se taisant, il serait censé s'avouer coupable, et donnerait gain de cause à ses ennemis. La vraie religion est dans la vérité et la justice.

Cet appel, suivi dans toutes les formes, n'a produit qu'un *déni de justice*[1].

Il ne sera pas difficile d'établir qu'un *déni de justice*, de la part d'un archevêque, constitue un abus des plus graves, et que, sous ce point de vue, le recours de l'Exposant est parfaitement fondé, en tant qu'il est dirigé contre monseigneur d'Amasie.

Le simple exposé des faits justifiera également ce recours pour ce qui concerne monseigneur l'évêque de Saint-Claude.

Cette affaire offre à décider les questions suivantes :

1° Un évêque a-t-il le droit de lancer inopinément, sans motifs fondés et sans aucun avis préalable, contre un prêtre ou un chanoine, une défense de célébrer?

2° Un évêque ne commet-il pas un excès de pouvoir, en traitant comme coupable de diffamation par la voie de la presse, un prêtre qui nie formellement ce délit, et qui n'a essuyé aucune poursuite à ce sujet?

3° Un évêque a-t-il le droit de se constituer seul, ou concurremment avec le chapitre de sa cathédrale, le juge d'un délit de cette nature, et de traiter comme *contumax* le prêtre qui refuse d'être le justiciable d'une pareille juridiction?

4° Si les prétendus écrits diffamatoires n'avaient été dirigés que contre cet évêque et ses

---

[1] Voir l'inventaire des pièces justificatives, à la fin du présent *Mémoire*.

chanoines, ne serait-il pas monstrueux, et contraire à toutes les règles reçues dans le droit canonique et dans le droit civil, que cet évêque et ces chanoines pussent être juges de ces écrits?

5° Un évêque a-t-il le droit de prononcer *une suspense totale* contre un prêtre qui, après avoir donné par écrit toutes les explications propres à prouver son innocence, ne veut pas subir un interrogatoire outrageant, relatif au prétendu délit de diffamation, en présence desdits chanoines, qui se regardent comme personnellement offensés; et qui se soumet néanmoins à subir cet interrogatoire hors de leur présence?

6° Enfin, un prêtre pourvu d'un titre inamovible, un chanoine qui, dans de pareilles circonstances, s'adresse *canoniquement*[1] au métropolitain, pour faire lever ou annuler des censures aussi abusives, peut-il se plaindre de ce que ce juge d'appel s'est obstiné à ne pas prononcer sur sa réclamation?

FAITS.

Le 2 mars 1839, une défense de célébrer fut *notifiée* à l'Exposant par M. l'abbé de Ferroul-Montgaillard, vicaire général et official, et président du chapitre de la cathédrale de Saint-Claude. Voici la copie littérale de cette notifica-

[1] Voir, dans l'inventaire à la suite, ma requête au métropolitain, et voir aussi le Mémoire imprimé à l'appui de cette requête.

tion : « Monsieur le chanoine, je suis chargé par
» monseigneur l'évêque de Saint-Claude de vous
» signifier la défense qu'il vous fait de célébrer
» la sainte messe dans la cathédrale et dans toute
» l'étendue du diocèse, à compter de demain di-
» manche, 3 mars courant. »

Cet interdit est venu frapper l'Exposant comme
un coup de foudre. Il avait vu la veille le prélat
chez un chanoine son voisin. Cette entrevue,
qui s'était passée avec toutes les convenances
ordinaires de la politesse, ne permettait pas de
prévoir que le lendemain, et sans aucune ob-
servation comme sans motifs, le soussigné re-
cevrait la défense injurieuse autant qu'im-
méritée qu'on vient de lire. Cependant cette
censure, tout arbitraire qu'elle était, devait
avoir un prétexte quelconque. Un ancien curé
(M. Gruet) en fit part à l'Exposant, et lui dit
qu'on l'avait dénoncé au prélat *pour avoir fait
un écrit contre les chanoines.*

Ainsi c'était sur une dénonciation occulte, et
sans avoir même pris la peine d'avertir le chanoine dénoncé, que monseigneur de Chamon
s'est imaginé que son titre d'évêque lui donnait
pouvoir et qualité pour le traiter sur-le-champ
comme un coupable convaincu et le flétrir par
un interdit. Soit dit en passant : si les évêques
avaient des pouvoirs aussi larges et aussi terri-
bles, la condition des simples prêtres serait des
plus déplorables : leur état serait tout à fait pré-
caire ; ils seraient de véritables ilotes à la merci

des évêques, et ceux d'entre ces derniers *qui se-raient capricieux, portés à la haine, à la colère, frapperaient autour d'eux impunément,* scandali-seraient les peuples, et perdraient la religion dans leurs diocèses, au lieu de l'y soutenir. Le droit canon est formel contre d'aussi absurdes prétentions [1].

Mais quel était donc cet *écrit contre les cha-noines,* dont un vil dénonciateur, qui se cache dans l'ombre, accusait l'Exposant d'être l'auteur? Il venait d'en paraître deux dans le Jura : l'un intitulé : *Le Chapitre de la cathédrale de Saint-Claude vengé;* et l'autre : *Nouvelle chanson sur la Rotonde.* On ne sache pas que d'autres écrits sur monseigneur de Chamon et ses chanoines aient été répandus dans le diocèse à cette épo-que. Comme M. le curé Gruet n'avait voulu évi-demment parler que du *Chapitre vengé,* l'Expo-sant, qui venait d'en recevoir un exemplaire, s'empressa d'écrire, le même jour 2 mars, à mon-seigneur l'évêque de Saint-Claude, qu'il n'était point l'auteur de cet écrit; et il le pria de retirer sa défense, en lui faisant observer que s'il la maintenait, ce serait maintenir un acte *arbitraire, injuste et scandaleux.*

Au lieu de retirer cette défense extra-canoni-que, monseigneur de Chamon fit faire au sous-signé une invitation verbale de comparaître de-vant son chapitre. Cette comparution était un affront purement gratuit qu'on voulait lui faire

[1] Voir mon Mémoire au métropolitain, p. 50 et suiv.

essuyer, en l'obligeant de jouer le rôle d'un accusé, en face d'hommes qui auraient été à la fois ses parties adverses, ses accusateurs et ses juges. Or, le chapitre de Saint-Claude ne tient ni de Dieu ni des hommes le droit de juger et de se constituer en chambre inquisitoriale. Aussi l'Exposant n'a fait qu'user de son droit en s'abstenant d'y comparaître.

Monseigneur de Chamon mit alors la plume à la main pour adresser à l'Exposant, sous la date du 3 mars, une lettre outrageante qui commence par cette phrase : « J'avais convoqué hier ex- » traordinairement à l'évêché le chapitre de mon » église cathédrale, à l'occasion du nouveau li- » belle diffamatoire que l'opinion publique vous » attribue. » Puis indiquant une nouvelle convocation pour le lendemain, la même lettre porte : « Votre conduite m'impose le devoir de vous » faire, par la présente, le commandement ex- » près et formel de comparaître à cette assemblée » capitulaire, à l'heure indiquée, *sub gravis ino-* » *bedientiæ pœna.* »

Il n'est parlé dans cette lettre que d'un seul libelle diffamatoire. Plus tard, monseigneur de Chamon en imputera deux, mais sans les désigner spécialement par leurs titres. Cette latitude commode laisserait peut-être au prélat la faculté d'imputer au soussigné tout ce qui se publie contre lui, et tout ce qui s'est publié déjà autrefois [1].

---

[1] Par exemple, *les Prêtres à la voirie par monseigneur de Cha-*

Quoi qu'il en soit, l'objet de la convocation, fixée au 4 mars, était le même que celui de la première. Il s'agissait toujours pour l'Exposant d'être soumis aux discussions orageuses d'un interrogatoire sur faits et articles, relativement à un prétendu délit de diffamation par la voie de la presse. Monseigneur de Chamon et son chapitre voulaient informer tous ensemble sur ce délit imaginaire, se constituer en autant de juges d'instruction, dresser des procès-verbaux, et constater l'innocence ou la culpabilité de l'Exposant. Pour des personnes de leur caractère, c'était là, comme on voit, s'attribuer une compétence et une juridiction fort extraordinaire. Il ne dépendait pas d'eux de s'en investir, malgré l'opposition de l'Exposant, parce que, d'une part, les évêques n'ont plus que la juridiction volontaire; et que, d'autre part, les chapitres n'ont aucune juridiction, ni volontaire, ni contentieuse.

Le commandement exprimé dans la lettre de monseigneur de Chamon, en termes si impérieux, n'était donc pas un ordre obligatoire pour l'Exposant, qui, sur les faits qu'on lui imputait, n'aurait eu à répondre que devant des membres de l'ordre judiciaire. En se rendant aux ordres de son évêque, le soussigné aurait accepté sa juridiction gracieuse et volontaire, ce qui était purement facultatif de sa part. Mais, pour lui

---

mon, écrit qui parut, dit-on, en 1826, et qui fut attribué alors à un homme de lettres, qui a été ensuite quelque temps député.

prouver nettement que la matière était et serait contentieuse, et lui ôter tout prétexte de persister à vouloir en connaître avec son chapitre, l'Exposant lui a écrit plusieurs lettres par lesquelles il a décliné sa juridiction et celle des chanoines, en répétant chaque fois qu'il n'était point coupable du délit ou des délits de diffamation qu'on lui imputait. Cette seule dénégation rendait la matière contentieuse et empêchait que l'évêque pût en connaître, avec ou sans le concours du chapitre.

Cependant, par égard et par déférence pour son évêque, l'Exposant consentait et a toujours consenti à paraître devant lui, sous les conditions énoncées dans sa lettre du 4 mars, ainsi conçue :

« MONSEIGNEUR,

» D'après la teneur de la lettre que j'ai reçue de vous hier, 3 du courant, je m'aperçois que l'assemblée capitulaire à laquelle vous m'invitez d'assister ne doit avoir d'autre objet qu'un interrogatoire que vous voudriez me faire subir relativement à un écrit que je ne connais pas, et dont je vous ai déjà déclaré n'être pas l'auteur.

» Il ne convient pas que j'assiste à une pareille assemblée, dont les membres seraient tout à la fois juges et parties contre moi. Mais il est un moyen de satisfaire complétement Votre Grandeur, et ce moyen, je m'empresse de vous l'indiquer.

» Veuillez bien faire rédiger, en doubles minutes, et signer toutes les questions sur lesquelles doit porter l'interrogatoire que vous paraissez vouloir me faire subir. Alors, et sans aucune espèce de communication préalable, j'écrirai moi-même en marge de chacune de ces minutes la réponse à chaque question, et je signerai ces réponses. Mais, autant pour ma justification que par mesure de prudence, j'entends et veux rester propriétaire et possesseur de l'une de ces minutes; vous ferez de l'autre ce que bon vous semblera.

» Vous êtes trop juste, Monseigneur, pour ne pas agréer cette proposition, qui est le seul moyen de nous satisfaire mutuellement.

» J'ai l'honneur d'être avec un profond respect,

» Monseigneur,

» Votre très-humble et obéissant serviteur,

» L'ab. PÉLIER-DELACROIX,
Chanoine. »

Cette ouverture franche et loyale n'a été dédaignée, que parce que le prélat et ses conseillers ne voulaient pas reculer, et qu'ils tenaient à imposer au soussigné l'humiliation et les chicanes d'un interrogatoire solennel, captieux et propre à inspirer de justes défiances.

Monseigneur de Chamon a fait plus que de dédaigner la proposition conciliatrice de l'Exposant : il lui a déclaré, par une lettre du 6 mars, que, faute de comparaître *le 7, au jour et à l'heure indiquée, il avait encouru la suspense* ipso facto.

Cette lettre accuse le soussigné de s'être *rendu coupable en faisant imprimer et répandre avec profusion deux autres libelles non moins horribles que les premiers, non moins outrageants, non moins calomnieux.*

Or, jamais l'Exposant ne s'est rendu coupable d'avoir fait imprimer et distribuer des libelles *horribles, outrageants et calomnieux.*

Les deux nouveaux *libelles* dont parle ici le prélat, sans les nommer, ne peuvent être que le *Chapitre vengé* et la *Nouvelle Rotonde ;* car on n'a cité que ces deux écrits dans le diocèse, à l'occasion des censures dont se plaint l'Appelant.

La légèreté incroyable avec laquelle monseigneur de Chamon s'est permis de le proclamer coupable de deux délits de diffamation par la voie de la presse, sans avoir d'autres preuves par devers lui que de funestes et aveugles préventions, ne s'expliquerait pas si le prélat ne s'était regardé comme offensé par les écrits dont il s'agit. C'était cependant une raison de plus pour qu'il s'abstînt de juger et de se former une opinion à cet égard, jusqu'à ce que le vrai coupable eût été déclaré tel par la justice ordinaire. Ce n'était qu'après la culpabilité juridiquement et légalement constatée, que l'évêque aurait eu le droit de lancer ses censures.

Voilà donc un chanoine successivement atteint d'un interdit *a divinis*, et d'une *suspense totale*, pour n'avoir pas déféré à l'ordre arbitraire qui lui avait été intimé de comparaître comme accusé, d'abord d'un délit de diffamation, puis de deux, devant ses confrères, présidés par l'évêque; et pour n'avoir pas fourni à cet étrange tribunal les matériaux dont il avait besoin pour dresser contre lui un procès-verbal d'interrogatoire sur faits et articles.

On néglige de rapporter ici tous les autres détails de la correspondance à laquelle cette affaire a donné lieu, parce qu'ils se trouveront dans les pièces produites à l'appui du présent Mémoire, et surtout dans le Mémoire que l'Exposant a fait imprimer pour justifier l'appel dont il avait saisi le métropolitain. Mais il convient de noter encore ici que monseigneur de Chamon se serait déterminé à lever ses censures, si le soussigné eût consenti à s'enfermer pendant deux mois dans le grand séminaire pour y faire pénitence, comme coupable des deux prétendus délits de diffamation; c'est ce qui résulte *des ordres* de monseigneur l'évêque, exprimés dans ses lettres du 9 et du 30 mars dernier. On conçoit bien que de pareils ordres étaient destinés à rester sans exécution; l'Exposant n'était pas tenu de pousser la complaisance jusqu'au point de s'avouer implicitement coupable, sachant qu'il ne l'était pas, et après avoir protesté tant de fois de son innocence. Qui le croirait? monseigneur l'évêque de Saint-Claude n'a pu parvenir à comprendre que nul n'est tenu de se charger des péchés d'autrui, malgré les injonctions les plus menaçantes. Au reste, cela est moins étonnant quand on connaît l'administration de ce diocèse et les faits rapportés ici brièvement.

La conduite de monseigneur de Chamon à l'égard du soussigné était trop abusive, et blessait trop les règles du droit canonique et du droit civil, pour qu'elle ne fût pas signalée à son métropolitain par la voie d'un appel. En conséquence, et après avoir fait imprimer ses griefs et ses moyens dans un Mémoire adressé à monseigneur l'archevêque d'Amasie, l'Exposant fit remettre, le 1er mai 1839, à monseigneur l'évêque de Saint-Claude un exemplaire de ce Mémoire avec une lettre qu'il le priait de regarder comme une signification de son appel canonique. Voyant que cette lettre était restée sans réponse, et craignant qu'on ne vînt à objecter qu'elle n'existait pas, le soussigné se crut obligé de signifier sondit appel à monseigneur de Chamon par exploit d'un huissier, en date du 8 mai[1].

Cette formalité remplie, il se rendit à Lyon, distribua plusieurs exemplaires de son Mémoire aux membres du conseil de l'archevêque, après

---

[1] Voir cet exploit dans l'inventaire, à la suite.

en avoir fait parvenir un à monseigneur d'Amasie lui-même, et l'avoir fait précéder, l'avant-veille, d'une requête manuscrite, en date du 10 mai, dont la copie entière se lit dans l'inventaire imprimé à la suite du présent recours.

Monseigneur de Pins était invisible pour l'Exposant; celui-ci ne put donc l'aborder, et fut obligé de conférer de son appel avec ses vicaires généraux. Un d'eux, M. Montagnier, était seul chargé de cette affaire. L'Exposant eut avec lui trois entretiens qui lui firent connaître, ou qu'on avait écrit de Saint-Claude à Lyon beaucoup de choses fausses, ou que M. Montagnier était mal instruit de la cause qu'il avait à traiter. Voyant que toutes ses instances pour être jugé n'aboutissaient qu'à des délais évasifs, où l'on donnait à entendre que jamais monseigneur d'Amasie ne consentirait à réformer les décisions de monseigneur de Chamon, le soussigné prit le dernier parti qui lui restait : il fit constater le *déni de justice* par deux exploits de *mise en demeure*, en date des 18 et 27 mai, transcrits en entier dans l'inventaire précité.

Si monseigneur de Pins était, comme on le dit publiquement, dans l'usage de ne jamais modifier en rien les mesures, si arbitraires qu'elles fussent, de son suffragant, il lui était cependant facile, tout en suivant cette règle singulière de conduite, d'éviter le reproche d'un déni de justice. Il avait pour cela toutes les ressources qu'on puise dans des fins de non-recevoir, plus ou moins mal fondées, et plus ou moins contraires aux règles du droit canon. Mais déjà cette manière si commode d'être juge d'appel, et de ne pas juger, lui avait réussi, ou ne lui avait pas été contraire dans d'autres circonstances ; c'est ainsi, par exemple, qu'il avait déjà refusé de prononcer sur l'appel de M. Droz, curé de Moissey, qui, malheureusement, ne fit ni imprimer ses Mémoires ni constater le déni de justice...

DISCUSSION.

Avant de discuter les questions que présente cette affaire, le soussigné croit devoir soumettre quelques réflexions découlant des principes qui serviront à la juger et à faire ressortir les abus dont il se plaint.

L'art. 1er de la loi du 25 août 1790 dispose que les fonctions de juges ne peuvent être conférées aux ecclésiastiques, et qu'elles sont incompatibles avec leur ministère.

L'art. 13, titre 14, du décret des 6-7 septembre 1790, en abolissant en général tous les priviléges et attributions en matière de juridiction, et tous les tribunaux autres que ceux établis par la constitution, a supprimé et aboli nommément et spécialement *les officialités*.

On sait que, lorsque les officialités subsistaient, les évêques ne pouvaient exercer la juridiction *contentieuse*. On sait que, du moment où la matière était contentieuse, ils étaient tenus de renvoyer la cause à leurs officiaux, seuls compétents pour en connaître, l'instruire par des règles précises et la juger. En un mot, les évêques n'étaient alors investis que de la juridiction purement *gracieuse et volontaire.*

Il est vrai que, pour les *crimes notoires,* les évêques pouvaient juger après avoir cité le coupable, et prononcer contre lui *une sentence déclinatoire de la peine (sententia canonis),* si elle était réglée par les canons. Mais il fallait que la notoriété fût bien constante ; et il fallait de plus *qu'elle ne fût pas niée par l'accusé ;* car si l'accusé niait le fait, l'information devenait nécessaire, et l'official devait alors en connaître[1].

Ainsi, d'après les anciens principes du droit canonique, monseigneur de Chamon était déjà incompétent pour connaître de la cause du soussigné. Il aurait excédé ses pouvoirs, en débutant par le frapper d'un interdit *à divinis,* sans aucune citation préalable, et par sa défense, *de proprio motu,* en date du 2 mars 1839. Il aurait aussi excédé ses pouvoirs, en s'obstinant à vouloir instruire et informer sur les prétendus délits de diffamation par la voie de la presse dont il accusait, imprudemment et sans preuve, le soussigné ; il aurait excédé ses pouvoirs en infligeant la peine de la contumace ou de la désobéis-

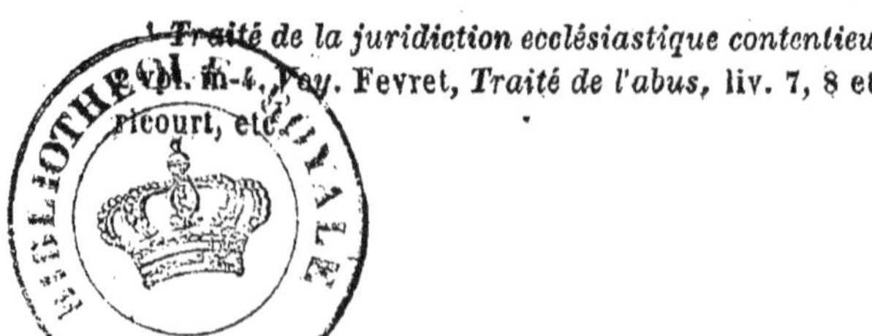

[1] *Traité de la juridiction ecclésiastique contentieuse;* Paris, 1769, 2 vol. in-4. *Voy.* Fevret, *Traité de l'abus,* liv. 7, 8 et 9. *Voy.* d'Héricourt, etc.

sance audit chanoine, qui n'aurait fait qu'user de son droit en déclinant sa juridiction et celle de son chapitre, et refusant de les accepter pour juges : car on ne donne le nom de *contumax* qu'à l'accusé qui refuse de comparaître *devant son juge*. D'ailleurs, dans le droit canonique, la *contumace* n'existait *qu'après* trois sommations préalables.

Enfin, la cause du soussigné, par cela seul qu'elle a pris *ab initio*, et pendant tous les débats auxquels elle a donné lieu, le caractère de *matière contentieuse*, ne pouvait, malgré ses instances réitérées, être jugée par monseigneur l'évêque de Saint-Claude. Donc ce prélat n'aurait eu aucune sentence *déclinatoire de la peine* à prononcer; donc il aurait méconnu et violé toutes les règles du droit canonique et excédé ses pouvoirs, en se constituant juge, et prononçant des peines canoniques comme juge.

Voyons maintenant si le nouvel ordre de choses, établi en France depuis 1790, aurait attribué aux évêques la juridiction des officialités et les aurait faits juges souverains, arbitraires et sans appel, de toutes les *matières contentieuses* intéressant les ecclésiastiques.

C'est l'affirmative de cette proposition que voudrait faire admettre monseigneur de Chamon. Aussi pourrait-on penser qu'il ne craint pas d'affirmer que sa puissance a été considérablement augmentée par les nouvelles lois qui régissent la France; mais sur ce point l'erreur est manifeste : car, pour la partager, il faudrait sup-

poser que les prêtres ne sont plus citoyens fran-
çais; qu'ils n'ont plus de garantie contre l'arbitraire et l'illégalité; qu'enfin leur position est
des plus précaires, et qu'elle est la pire de toutes,
même en la comparant aux positions sociales qui
se voient actuellement dans les Etats régis encore par les lois anciennes.

Ce serait faire une grande concession à cet
évêque de reconnaître que, par suite des lois
nouvelles, il se trouverait placé dans les circonstances où étaient ses devanciers avant l'é-
tablissement des officialités; mais encore, dans
cette hypothèse, ils n'avaient que la simple juridiction gracieuse, puisqu'alors les *matières
contentieuses* étaient jugées et décidées par les
synodes diocésains ou provinciaux.

Arrivons à l'art. 15 de la loi du 18 germinal
an 10, lequel reconnaît implicitement aux évêques le droit de rendre des décisions. Cet article porte : « *Les archevêques connaîtront des
réclamations et des plaintes portées contre la conduite et les décisions des évêques suffragants.* »

Il est évident qu'il ne s'agit ici que de *décisions* rendues sur des faits avoués ou prouvés
légalement et juridiquement. En effet, dès l'instant que la loi des 6 - 7 septembre 1790 a
supprimé tous les tribunaux privilégiés, et qu'elle
a rangé dans cette classe *les officialités;* dès l'instant aussi que cette loi (pas plus qu'aucune autre loi postérieure) n'a pas fait passer *la juridiction des officialités* entre les mains des évêques,

et que la loi du 25 août 1790 a posé pour principe que les fonctions de juges étaient incompatibles avec le ministère ecclésiastique, ne serait-ce pas méconnaître toute l'économie des lois nouvelles et fausser le sens véritable de l'article 15 de la loi de germinal an 10, que d'y trouver le germe ou la base d'une juridiction pour les évêques *en matière contentieuse?* Aussi l'article 1er de cette loi, en énumérant les cas d'abus susceptibles d'être déférés au Conseil d'Etat, signale-t-il, entre autres, *l'usurpation ou l'excès de pouvoir et la contravention aux lois et règlements de la république.* Or, personne ne contestera que l'usurpation du pouvoir judiciaire ne soit nécessairement une de ces sortes d'abus. Au surplus, « *les cas d'abus,* dit cet article, sont l'usurpation » ou l'excès de pouvoir, la contravention aux » lois et règlements de la république, l'infrac- » tion des règles consacrées par les canons re- » çus en France, l'attentat aux libertés, fran- » chises et coutumes de l'Eglise gallicane, et toute » entreprise ou tout procédé qui, dans l'exercice » du culte, *peut compromettre l'honneur des ci-* » *toyens, troubler arbitrairement leur conscience,* » *dégénérer contre eux en oppression, ou en in-* » *jure, ou en scandale public.* »

Tout ce qu'on doit inférer de cette loi, en faveur des évêques, c'est que ceux-ci peuvent agir de la manière et dans les limites qui leur sont tracées par les canons reçus en France, en tant qu'ils n'usurpent aucun pouvoir et qu'ils ne con-

treviennent point aux lois et règlements de l'Etat.
Mais comme les canons reçus en France ne per-
mettent pas plus à un évêque de se poser juge des
matières criminelles, correctionnelles et de police,
que des matières purement civiles, il faut en con-
clure qu'un évêque commet des *usurpations ou
des excès de pouvoir*, toutes les fois qu'il entreprend
d'informer sur des délits quelconques, de prendre
à cet égard l'initiative, d'accuser le prétendu coupable, *de le proclamer ensuite coupable de son autorité privée*, et de partir de cet abus pour lui in-
fliger des peines canoniques.

La poursuite et la répression des crimes et délits n'appartiennent qu'aux magistrats de l'ordre
judiciaire. Une accusation qui ne serait pas défé-
rée aux tribunaux institués par nos lois pour en
connaître, dégénérerait nécessairement en diffamation, et on pourrait poursuivre l'accusateur[1].

Lors donc qu'un crime ou un délit, vrai ou
supposé, est imputé à un prêtre, et que ce crime
ou ce délit a été prévu par nos lois pénales, l'é-
vêque diocésain doit attendre que la culpabilité
ou l'innocence ait été légalement constatée par
jugement du tribunal correctionnel ou par arrêt
de la Cour d'assises. C'est alors seulement que le
contentieux étant vidé, et les faits ayant une existence authentique et légale, l'évêque est en mesure, pour pareil cas, de faire application des
peines canoniques. En effet, comme les officia-

---

[1] Il est certain que l'Exposant aurait ce droit contre monseigneur
de Chamon.

lités ont été dépouillées de la connaissance et du jugement des crimes et délits (même en ce qui concerne les ecclésiastiques; que ces tribunaux exceptionnels et privilégiés n'existent plus, et que les tribunaux civils sont seuls compétents en ces sortes de matières) : il est bien évident que les évêques ne pourraient, sans empiéter sur le pouvoir judiciaire et sans s'exposer à de funestes erreurs, prendre l'initiative, et frapper comme coupables ceux que les tribunaux compétents n'ont pas encore déclarés tels.

Le système contraire aurait les résultats les plus déplorables, et jetterait la confusion dans l'exécution des canons reçus en France et dans l'administration de la justice.

Qu'on suppose, par exemple, une accusation de faux portée contre un ecclésiastique ou un prêtre, et que, sans attendre le verdict du jury, son évêque se hâte de l'interdire *à divinis* ou de le frapper *d'une suspense totale;* ne pourrait-il pas arriver que ce prélat eût à se repentir de son imprudente précipitation? Car enfin, les débats pourraient établir que, non-seulement l'accusé ne serait pas coupable, mais encore que le corps matériel du crime ou délit serait purement imaginaire. Et si, dans cette dernière hypothèse, le prélat, par *quelque mauvaise passion, pour ne pas avouer son erreur, maintenait ses censures,* que devrait-on penser de sa téméraire et criminelle opiniâtreté, qui établirait une sorte de lutte ou de conflit entre le pouvoir épiscopal et le pouvoir judiciaire? Il y aurait à opter entre la vérité légale du verdict de non-culpabilité et la prétendue infaillibilité du prélat. Mais comme la vérité n'est qu'*une*, et que le dogme de l'infaillibilité d'un évêque n'est pas et n'a jamais été admis, l'option serait bientôt faite. Toujours est-il qu'il en résulterait un scandale de nature à compromettre la religion et son ministre; et c'est ce scandale qu'il faut éviter, et que nos lois ont voulu prévenir en défendant aux évêques de s'immiscer dans les fonctions judiciaires.

Ainsi, et dans l'intérêt même de la religion et de ses ministres, on doit tenir pour constant qu'un évêque ne peut, sans excès et sans usurpation de pouvoir, traiter comme coupable d'un crime ou d'un délit quelconque *prévu par nos lois*, un prêtre qui soutient être innocent, tant que la justice ordinaire n'a pas prononcé et fourni la preuve légale du fait incriminé[1].

En voilà bien assez pour obtenir facilement la solution des questions posées en tête de ce Mémoire, et convaincre tout lecteur que la conduite de monseigneur de Chamon envers le soussigné offre tous les cas d'abus spécifiés dans l'art. 1er de la loi du 18 germinal an 10.

Sur la première question. — Si tout ce qui s'est passé dans cette affaire n'était pas frappé au coin

---

[1] Bien que la législation actuelle diffère beaucoup, à son avantage, de celle du siècle précédent, l'Exposant s'est abstenu d'aller aussi loin que le docteur Elies Dupin dans ses dissertations latines sur l'excommunication. Il s'est soumis à des censures nulles et injustes. Le docteur de Sorbonne les aurait méprisées.

de l'arbitraire le plus inouï, on s'étonnerait qu'on
pût mettre en question le point de savoir si monseigneur l'évêque de Saint-Claude a eu le droit
de lancer inopinément, sans motifs et sans aucune explication ou instruction préable, contre
le soussigné, une défense de célébrer. En effet,
d'après le droit canon, qu'un évêque devrait connaître et suivre, comme d'après nos lois et la raison, on ne doit pas punir quelqu'un s'il n'est reconnu coupable. Or, il ne peut être reconnu tel
que par ses aveux ou par des témoignages con-
vaincants, témoignages qui doivent lui être ob-
jectés, afin que le juge reçoive ses explications,
ses réponses, et les apprécie. Dans l'espèce, il
fallait trois monitions, et l'on n'en a fait aucune.
Yves de Chartres dit qu'il n'est pas permis par
le droit d'en user autrement; que, pour lui, il a
toujours observé cet ordre, et que ceux qui s'en
écartent, prononçant des censures contre des parties qu'ils n'ont pas ouïes, ou qui ne se sont pas
laissées contumacer, *agissent en meurtriers, more
sicariorum*[1]. « Nul ne peut être condamné, dit
» saint Augustin, s'il n'a été convaincu ou s'il
» ne s'est avoué coupable[2]. » Nous avons cité ailleurs d'Héricourt, et un arrêt du parlement de
Toulouse qui déclara *abusive* une *ordonnance* épi-
scopale de *suspense à divinis*, ou une défense de
célébrer, pour n'avoir pas été précédée de citations canoniques et régulières[3]. Suivant le droit

---

[1] Epist. 169, ad Galonem episc. Parisiensem.
[2] Homil., 50.
[3] *V.* page 5 du Mémoire d'appel au Métropolitain.

(cap. *Inter, de major. et obedient...*), cette défense, faite le 2 mars au soussigné, n'est pas seulement abusive, mais elle est *nulle*. Ce n'est que plus tard, et *post factum*, que le motif déterminant pour cette défense arbitraire lui a été connu.

Mais, d'après la discussion qui précède et les faits qui se sont passés, le motif de monseigneur de Chamon n'était autre chose qu'une accusation qu'il n'avait pas le droit de porter; car, sans aucunes preuves légales ou canoniques, malgré les dénégations du soussigné, et quoiqu'il n'y ait eu jusqu'à présent aucunes poursuites juridiques pour la constatation des faits, ce prélat s'est permis de l'accuser, puis de le déclarer coupable d'un double délit de diffamation par la voie de la presse. Ce genre de délit, qui est défini par nos lois pénales, et dont la connaissance n'appartient qu'aux Cours d'assises (art. 5 de la loi du 8 octobre 1830), peut fort bien, après qu'il a été déclaré constant par un jury, servir de base à l'application des peines canoniques contre le prêtre qui s'en serait rendu coupable. Mais, dans le cas particulier, outre qu'aucun délit de cette nature n'a été constaté à l'encontre de l'Exposant, c'est que, malgré toute l'agitation et toutes les recherches auxquelles se sont livrés plusieurs agents de l'évêché, le ministère public n'a pas tenté la moindre poursuite à ce sujet. Il y a donc eu, dans la démarche de monseigneur de Chamon, une imputation purement gratuite, et qu'on pourrait qualifier plus sévèrement. Cette imputation ne lui donnait pas le droit de flétrir le soussigné par sa censure du 2 mars, laquelle est aussi abusive et nulle pour le fond que pour la forme.

Sur la deuxième question. — Il est bien démontré que ce prélat a commis un excès de pouvoir au préjudice de l'Exposant, pour avoir agi contre lui comme il aurait pu le faire contre un prêtre légalement et préalablement déclaré coupable et convaincu d'un double délit par la voie de la presse. Il y a eu excès de pouvoir, parce que les prétendus délits ont été constamment niés par l'accusé; et parce que *le contentieux* que faisait naître cette dénégation ne pouvait être apprécié et jugé que par la Cour d'assises. Jusque-là le prélat devait s'abstenir de le traiter comme coupable et de lui appliquer des censures motivées sur l'existence des prétendus délits dont il s'agit. En agissant comme il l'a fait, il a commis encore une usurpation sur le pouvoir judiciaire, en même temps qu'il a violé les règles du droit canonique, qui lui interdisaient la connaissance du contentieux, et qui lui faisaient un devoir de suspendre l'application de toute espèce de peines, jusqu'à ce que la preuve des faits incriminés eût été légalement acquise.

Sur la troisième question. — Son seul énoncé suffit pour en faire apercevoir la solution. Il est bien certain que les délits de diffamation par la voie de la presse ne sont pas de la compétence des évêques ni des chanoines, assemblés ou non

avec lui. Donc monseigneur de Chamon ne pouvait, sans sortir de son droit et sans se placer
dans les cas d'abus prévus par l'art. 1er de la loi
du 18 germinal an 10, se constituer juge, soit
seul, soit concurremment avec son chapitre, des
prétendus délits de diffamation qu'il a si imprudemment imputés au soussigné. Or, dès l'instant
que monseigneur de Saint-Claude n'avait dans
cette affaire aucune juridiction ou compétence,
le soussigné ne pouvait pas devenir *contumax* en
refusant d'accepter pour juge le prélat et son
chapitre. Ce serait vainement qu'on objecterait
qu'il se serait peut-être borné à faire subir simplement un interrogatoire à l'Exposant, et qu'il
ne serait pas allé plus loin ; car il n'appartient
qu'à un juge d'instruction d'exiger et d'*imposer*
un interrogatoire tendant à *informer* sur des délits de l'espèce. Le soussigné a donc usé de son
droit, en résistant à l'empressement du prélat et
de ses conseillers si ardents pour *verbaliser*
contre lui.

Sur la quatrième question. — Les écrits, signalés
comme *horribles* et épouvantables par monseigneur de Chamon, sont assez connus, quoiqu'il
n'ait pas jugé à propos de les désigner par leurs
titres propres. Tout le monde sait dans le diocèse
(et le prélat ne dira pas le contraire) que *ces
écrits horribles* ne sont autres que le *Chapitre
vengé* et la *Nouvelle chanson sur la Rotonde.* Eh
bien ! ces deux écrits ne renferment que des faits
et des actes attribués au prélat et à son chapitre.

Si donc le tableau de ces faits et actes a paru blessant, offensant et calomnieux, *horribles et diffamatoires* pour eux, il est inconcevable qu'en hommes de sens et d'honneur ils aient pu avoir la pensée de se porter pour juges et vengeurs de ces écrits. S'il est un principe de tous les temps, et consacré par le droit ecclésiastique aussi bien que par le droit civil, c'est celui qui défend à tout homme d'être à la fois juge et partie dans sa propre cause. Dans le cas présent, le soussigné, injustement accusé par son évêque, ne pouvait et ne devait voir dans lui et dans les membres du chapitre que ses adverses parties. Il y aurait de la monstruosité à trouver mauvais qu'il se soit abstenu de se présenter devant de pareils juges. Ceux-ci ne pouvaient être à ses yeux que des inquisiteurs suspects, malveillants, et privés de la qualité la plus essentielle à un juge, l'impartialité. La manière brusque et tout arbitraire avec laquelle le prélat avait débuté dans cette affaire, en lançant *ab irato* son interdit *à divinis*, le style violent et injurieux de sa correspondance, son obstination marquée et insurmontable à vouloir que, bon gré, mal gré, le soussigné fût coupable et puni comme tel : tout se réunit pour convaincre même les plus incrédules, que l'Exposant aurait commis une imprudence inexcusable, s'il eût consenti à jouer devant ceux qui l'attendaient le rôle outrageant qu'ils lui avaient destiné. Ainsi, sous ce nouveau point de vue, il n'est pas devenu *contumax* pour avoir résisté aux citations de comparaître. Et le prélat, au contraire, a encore méconnu ses droits et ses pouvoirs en cherchant à s'attribuer, comme de vive force, la connaissance et la punition des prétendus délits dont il s'agit.

Sur la cinquième question.—Ce qu'on vient de dire dispense de la discuter. Il est clair, en effet, que le soussigné ne pouvait être frappé, comme il l'a été, d'une suspense totale, uniquement et précisément parce qu'il n'a pas voulu se déclarer coupable des faits diffamatoires que lui imputait son évêque, ni souffrir que ses conseillers exerçassent, dans cette circonstance, les fonctions de juges instructeurs. Tout ce qu'on pouvait attendre de la déférence la plus grande à l'égard du prélat, le soussigné l'a mis en usage : non-seulement il lui a représenté dans les termes les plus respectueux qu'il était innocent, et que les censures qu'on lui infligeait étaient imméritées, mais il lui a fait tout d'abord, et *lui a renouvelé plusieurs fois,* la proposition d'avoir avec lui toutes les explications désirables. Il a même consenti à ce que monseigneur de Chamon prît tout le temps qu'il estimerait nécessaire pour rédiger par écrit toutes les questions, même les plus captieuses, relativement aux prétendus faits diffamatoires et à l'auteur de ces faits. Il s'est soumis à répondre, immédiatement et sans préparation aucune, à cet interrogatoire, quelque long qu'il fût ; il n'y mettait qu'une seule condition, savoir, que les questions et les réponses fussent rédigées en doubles minutes, signées du prélat et de lui; et que, par mesure de précaution, il restât propriétaire de l'une de ces minutes. Si les conseillers du prélat lui avaient inspiré des vues de paix et de conciliation, cette proposition devait être accueillie avec empressement. Mais non : les membres influents ou les meneurs du chapitre tenaient à figurer aux explications; ils voulaient se donner le plaisir d'y jouer un rôle actif. Tous ensemble, et le prélat à leur tête, voulaient faire peser sur l'Exposant un sceptre de fer, et lui faire éprouver les tortures morales auxquelles on doit s'attendre de la part de gens qui veulent juger eux-mêmes, et punir des offenses dont un amour-propre mal entendu ne manque jamais d'exagérer la réalité.

Sur la sixième question. — Elle ne saurait recevoir qu'une solution affirmative. En effet, on peut la traduire en ces termes : « Y a-t-il abus de
» nature à en déférer au Conseil d'Etat, dans le
» fait d'un archevêque qui refuse de connaître
» des réclamations et des plaintes portées contre
» la conduite et les décisions d'un de ses suffra-
» gants, c'est-à-dire qui refuse de remplir les
» obligations que lui impose nettement à cet
» égard la loi du 18 germinal an 10? »

L'archevêque qui se comporte ainsi commet un *déni de justice,* méconnaît par là le plus impérieux de ses devoirs de métropolitain, et se place nécessairement dans un des cas d'abus énumérés dans l'art. 1er de la loi citée; car cet article donne le nom *d'abus* à toute contravention aux lois et règlements de l'Etat, et à l'infraction aux règles consacrées par les canons reçus en France. On peut dire qu'un archevêque qui commet un *déni de justice* en se dispensant de connaître des plaintes ou réclamations portées contre la conduite et les décisions de ses suffragants, prend sur lui et s'approprie tout ce que cette conduite et ces décisions peuvent avoir d'abusif et d'injuste. (C'est la décision de S. Raymond de Pennafort[1].) Dans le cas particulier, les plaintes et réclamations du soussigné étaient d'une nature grave et amplement détaillées dans son Mémoire *imprimé ad hoc* et adressé à monseigneur d'Amasie. Celui-ci ne pouvait donc se dispenser d'en prendre connaissance et de rendre une décision quelconque. Les conclusions de ce Mémoire d'appel tendaient à ce qu'il déclarât nulles, abusives et injustes les censures des 2 et 7 mars dernier. De deux choses l'une : ou ces censures lui paraissaient justes, et il n'avait qu'à les confirmer; ou elles lui paraissaient injustes, et dans ce cas il devait s'empresser de les lever, pour faire cesser le scandale.

L'Exposant ignore si l'on objecterait que monseigneur de Pins, n'étant que simple administrateur du diocèse de Lyon, n'avait pas le droit de statuer comme l'archevêque titulaire de ce siége aurait pu le faire. Mais, dans ce cas, il aurait au

---

[1] *V.* le Mémoire d'appel au Métropolitain, p. 6.

moins dû répondre à l'appel porté devant lui par
une fin de non-recevoir, et motiver sur son in-
compétence ou sur son défaut de pouvoir. Donc,
dans tous les cas, le soussigné est fondé à signa-
ler comme abusif le déni de justice de monseigneur l'archevêque d'Amasie.

CONCLUSION.

L'Exposant recourt et conclut à ce qu'il plaise
au Conseil d'Etat déclarer *qu'il y a abus* dans la
conduite de monseigneur de Chamon, évêque
de Saint-Claude, 1° en ce qu'il l'a interdit *à divinis*, le 2 mars, sans citation préalable, sans signification de motifs, et sans causes vraies ou réelle-
ment fondées; 2° en ce que ce prélat lui a imputé un double délit de diffamation par la voie
de la presse et l'a traité comme coupable de ce
double délit, sans qu'il y en eût, non-seulement
aucune preuve légale et juridique, mais encore
aucune *preuve* la plus ordinaire, tant soit peu
fondée, et malgré ses dénégations réitérées;
3° en ce que le même prélat s'est obstiné à
vouloir informer sur ces prétendus délits concurremment avec son chapitre, et a exigé que le
soussigné se présentât devant eux comme un
accusé devant ses juges, pour être interrogé;
4° en ce que ledit prélat, non content de l'avoir
atteint par l'interdit *à divinis* du 2 mars, l'a encore frappé, le 7 du même mois, d'une suspense

totale qu'il maintient obstinément, pour le punir des susdits délits (lesquels sont purement imaginaires), et de sa prétendue contumace; c'est-à-dire, pour avoir usé du droit qu'il avait de répudier pour ses juges des personnes qui, d'après les principes de tous les temps et de tous les Codes, ne pouvaient pas être ses juges et auraient dû même se suspecter d'office; 5° et en ce que les censures dont se plaint le soussigné, jointes aux procédés qui les ont accompagnées, tendent à compromettre son honneur et dégénèrent contre lui en oppression, en outrages et en scandale public.

Déclarer pareillement *qu'il y a abus* dans le déni de justice que monseigneur l'archevêque d'Amasie a fait essuyer au soussigné.

Renvoyer la connaissance de cette affaire à Son Eminence monseigneur le cardinal d'Isoard, que le roi vient de nommer au siége métropolitain de Lyon, pour faire cesser les abus signalés et le scandale de censures *nulles, abusives et injustes.* Et ce sera justice. Le tout sous réserve expresse au soussigné de tous ses autres droits et actions.

Saint-Claude (Jura), le 24 juin 1839.

L'AB. PÉLIER-DELACROIX,
Chanoine.

PRODUCTION.

1° Sous le titre de *Pièces justificatives*, le soussigné produit à l'appui du présent *Mémoire* la copie imprimée de toutes les pièces qui prouvent la vérité de son appel au Métropolitain et du déni de justice de ce dernier. Lesdites copies, qu'il certifie conformes aux originaux, tiendront lieu de la production de ceux-ci, qu'il s'offre de représenter au besoin.

2° Au présent Mémoire il joint trois exemplaires de celui qu'il avait adressé au Métropolitain.

La partie adverse se fera un devoir, sans doute, de produire au Conseil d'Etat les divers écrits qu'elle a injustement imputés au soussigné.

L'AB. PÉLIER-DELACROIX.